Jules Lemaître, François Coppée

La patrie française

Copyright © 2022 Jules Lemaître, François Coppée
Édition : BoD – Books on Demand, info@bod.fr
Impression : BoD – Books on Demand,
In de Tarpen 42, Norderstedt (Allemagne)
Impression à la demande
ISBN : 978-2-3224-2296-8
Dépôt légal : Août 2022
Mise en page et maquettage : https://reedsy.com/
Cet ouvrage a été composé avec les polices Didot et Bauer Bodoni
Tous droits réservés pour tous pays.

PARIS BUREAUX DE «LA PATRIE FRANÇAISE» 97, RUE DE RENNES

La Ligue de la Patrie Française a repris, le 13 octobre 1899, la série de ses conférences avec l'important discours de M. J. Lemaître, qu'elle offre à ses amis.

La Ligue s'était placée jusqu'ici sur le terrain des principes généraux et s'était uniquement consacrée à défendre dans une crise périlleuse l'idée de Patrie et le respect de l'Armée.

Son Président lui fournit aujourd'hui un programme national d'action politique.

Nous engageons tous les bons Français à le méditer, et à contribuer selon leurs forces à son exécution.

L'approbation enthousiaste de la Presse et de l'opinion publique a montré qu'il répondait aux désirs de tous et aux besoins de l'heure présente. Chaque citoyen y a trouvé enfin la formule exacte du devoir qu'il a à à remplir.

Ainsi ont été immédiatement confirmés les applaudissements dont un millier de braves gens de toutes les classes de la société l'ont salué à la salle des Agriculteurs de France.

Sur l'estrade se trouvaient la plupart des membres du Comité, et de nombreuses notabilités du monde des Arts, des Lettres, des Sciences et de la Politique: MM. Maurice Barrès, Marcel Dubois, professeur à la Sorbonne; Henri Lavedan, de l'Académie française; Henri Houssaye, de l'Académie française; Longnon, professeur au Collège de France; Amagat, de l'Académie des Sciences; le général Mercier, le lieutenant-colonel Monteil, Rougon, ministre plénipotentiaire; Forain, Frédéric Plessis, René Doumic, Félix Jeantet, Jules Domergue, Paul de Saint-Léger, Gaston Legrand, Edouard Clunet, Baffier, Paulin Méry, Georges Bonnamour, Maurice Spronck, Duval-Arnould, Léouzon-le-Duc, d'Aubigny, Noilhan, Baron, Leret, Gabriel Syveton, Louis Dausset, etc., etc.

La présence de plusieurs délégations ouvrières achevait de donner à cette réconfortante cérémonie son véritable caractère d'union sociale et nationale.

ALLOCUTION DE M. FRANÇOIS COPPÉE

Mesdames, Messieurs,

Je vous dois un mot d'explication sur le changement du lieu de nos conférences. Cette salle de la Société d'horticulture où nous avons entendu tant de voix éloquentes, où nous avons vibré ensemble de patriotisme, nous était devenue bien chère. Il nous a fallu l'abandonner cependant, parce qu'un des prêtres de Flore de la rue de Grenelle est un franc-maçon, et que nous sommes, à ses yeux, de trop séditieux personnages.—Les agriculteurs de France sont plus libéraux; ils veulent bien nous louer cette salle, et nous les en remercions, avec le regret, toutefois, de n'y plus pouvoir réunir un aussi grand nombre d'amis que naguère.

Nous nous retrouvons dans une heure bien triste. Au lendemain de notre dernière réunion, un ministère s'est constitué, dont les trois principales têtes sont: un avocat, fameux pour avoir défendu l'un des plus gros bénéficiaires de l'ignoble affaire du Panama, un collectiviste ayant toujours professé les plus dangereuses théories, et un vieux prétorien, célèbre par sa bravoure et par sa cruauté. En prenant le pouvoir, ce ministère ne dissimulait pas qu'il était tout acquis à la cause du condamné que l'on ramenait alors de l'île du Diable; il reçut aussitôt le nom de ministère de l'acquittement. Il ne put cependant obtenir cet acquittement, grâce à la fermeté des juges et des témoins militaires, et, parmi ces derniers, je suis heureux de saluer ici le général Mercier, qui a déployé, pour le triomphe de la vérité, tant d'intelligence et de courage.

Après un tel échec, ce ministère devait disparaître, semble-t-il; cependant il est encore là, grâce à la coupable fatigue de l'opinion, et surtout à l'inexcusable faiblesse des représentants du peuple, qui n'opposèrent à tant d'iniquités commises, que de vaines et stériles protestations. Les hommes néfastes qui composent ce ministère gouvernent depuis quatre longs mois par l'arbitraire et la violence.

N'ayant d'indulgence que pour un espion pris en flagrant délit, un traître dont ils ont fait signer la grâce par le chef de l'Etat avec une hâte indécente, et aussi pour les anarchistes qui ont déchaîné une émeute dans Paris et pillé une église en plein jour, ces ministres inqualifiables ont frappé impitoyablement les bons Français qui ne pouvaient contenir leur indignation, et je ne citerai qu'une de leurs victimes: ce jeune professeur seulement coupable d'avoir enseigné l'amour de la patrie à ses élèves, notre vaillant ami Gabriel Syveton. Ils ont détruit, autant qu'il était en leur pouvoir, les forces vives du pays, supprimé notre surveillance de guerre, congédié nos chefs les meilleurs, traité en suspects nos soldats les plus glorieux. Sentant gronder autour d'eux la colère d'un peuple, ils ont eu recours à la terreur, ont fait fabriquer par leur police un complot chimérique, et ont jeté dans les cachots un certain nombre de bons citoyens, et, d'abord, le patriote par excellence, le Français exemplaire, notre grand et cher Paul Déroulède. Vous savez quelle honteuse comédie se joue en ce moment à la Haute-Cour, et comment Déroulède va être condamné pour un fait dont il a été absous par le jury, c'est-à-dire par le peuple, avec encouragement formel de poursuivre son œuvre de purification et de délivrance.

Hier encore, sous l'inspiration directe du ministère, ces juges politiques ont osé rendre ce monstrueux arrêt de compétence. Et je vous propose de saluer avec moi les 91 honnêtes gens que renferme encore cette assemblée, et ces deux illustres défenseurs de la Constitution républicaine, MM. Wallon et de Marcère, qui ont eu le courage et la loyauté de dénoncer l'iniquité de leurs collègues et leur véritable forfaiture. N'oublions pas non plus notre ami du Comité, M. le sénateur Rambaud, qui a voté avec le même courage.

Demain, ce ministère qui a déjà fait tant de mal se présentera devant les Chambres avec une poignée de lois encore plus menaçantes et qui nous promettent de nouveaux attentats contre la justice et contre la liberté. Il se propose de supprimer à peu près les conseils de guerre et de porter ainsi un coup mortel à la discipline, force essentielle des armées. Il prétend exiger, de quiconque aspirera à un grade ou à une fonction quelconque, trois ans de séjour dans les établissements scolaires de l'Etat, instituant par cela même, dans la société moderne, une caste de parias comme dans l'Inde, et violant le droit sacré des pères et des mères sur l'âme de leurs enfants.

Attendons-nous encore, à propos des associations, à des chinoiseries juridiques n'ayant d'autre but que de persécuter lâchement les prêtres et les religieux—c'est déjà commencé—et d'humilier l'Eglise chrétienne devant la triomphante synagogue. Tenez aussi pour certain que, dans peu de temps, on essaiera de nous arracher la dernière arme défensive qui nous reste, la liberté de la presse.

Nous n'avons malheureusement pas l'espoir que le Parlement s'oppose demain à tant d'injustices. Il faut s'attendre à toutes les lâchetés de la part des parlementaires.

Mais rien ne nous fera désespérer, rien même ne nous découragera. C'est la tâche de tous les bons Français de s'opposer par tous les moyens légaux à la tyrannie qui nous menace. Cette tâche, notre courageux, éloquent et admirable ami Jules Lemaître va nous en tracer le programme, et je ne veux pas retarder plus longtemps le plaisir que vous aurez à l'entendre. Je me contenterai de vous dire encore une fois que, d'après ma profonde conviction, la France, la vraie France, celle qui compte tant d'hommes intelligents, laborieux et honnêtes, tant de femmes dévouées, tant de familles vertueuses, tant de braves et loyaux soldats, tant d'ouvriers et de paysans aimant vraiment leur patrie, finira par triompher de la bande de politiciens qui l'exploitent et la déshonorent, par établir un gouvernement probe et respecté, et par relever son pur et glorieux drapeau. L'œuvre pourra être longue, sans doute, mais quiconque a le cœur à sa place et le sentiment de l'honneur et du devoir n'y doit point faillir.

Quant aux hommes qui nous oppriment momentanément, je ne puis croire, malgré tout, qu'ils se maintiendront au pouvoir.

L'opinion publique, j'en suis convaincu, ne pourra supporter longtemps cette monstrueuse antithèse: Dreyfus, deux fois condamné comme traître, en liberté, et Déroulède, le défenseur des droits du peuple, en prison.

L'ŒUVRE DE LA "PATRIE FRANÇAISE" DISCOURS-PROGRAMME PAR JULES LEMAITRE

L'ŒUVRE DE LA "PATRIE FRANÇAISE"

Mesdames, Messieurs,

Nous nous retrouvons donc après quatre mois de séparation. Ces quatre mois ont été très remplis. Ils l'ont été, on peut le dire, abominablement. L'état du pays est lamentable; et la tâche de ceux qui voudraient y porter remède paraît démesurée. Elle l'est assurément pour le millier d'hommes assemblés ici; mais elle serait presque facile si tous ceux qui ressentent les maux publics s'unissaient à nous, si tous ceux qui pensent généreusement se mettaient à vouloir et à agir ensemble.

L'ambition de la «Ligue de la Patrie française», c'est de réveiller l'énergie civique dans le cœur de tous les bons Français; d'être comme le premier noyau d'une résistance nationale à l'iniquité publique; de devenir la ligue de toutes les bonnes volontés de France. Il le faut, et même il n'est que temps.

Je serai obligé de simplifier beaucoup pour rester clair. Je ne vous apporterai que des remarques et des exhortations très générales, un peu dépourvues de nuances, et comme un canevas d'idées élémentaires, sur lequel vos intelligences auront à travailler. Tout cela, d'ailleurs, se nuancera, se précisera, se complétera peu à peu dans la série de nos conférences.

Aujourd'hui, voici mon thème en deux mots:

Nous sommes opprimés par une minorité, et par une minorité malfaisante;

Mais cette minorité a la force. Il faut la lui reprendre. Par quels moyens le pourrons-nous? Et sur quelles idées devrons-nous d'abord nous accorder?

I

On peut dire que, dans tous les pays, c'est toujours un assez petit nombre d'hommes qui s'occupent des affaires publiques et qui les mènent. Le peuple a assez à faire de gagner son pain, et la bourgeoisie songe principalement à ses aises et à sa tranquillité. Que nous soyons conduits par une minorité, ce n'est donc pas là un phénomène extraordinaire.

Mais il y a des périodes où cette minorité agissante et détentrice du pouvoir représente à peu près les sentiments de la majorité inerte ou, du moins, ne les heurte pas de front. Et il y a des moments où elle offense décidément cette majorité pourtant si passive et si peu exigeante, et se trouve enfin en plein désaccord avec elle. Nous sommes à un de ces moments-là.

Je ne vois guère en France que trois groupes vraiment actifs (je ne compte pas le nôtre, qui n'est encore qu'en voie de formation). Les deux premiers, qui ont entre eux beaucoup d'affinités et de continuelles communications, sont les francs-maçons radicaux et les socialistes. Je ne sais pas bien quel est leur nombre. Les élections nous renseignent mal là-dessus; nous verrons pourquoi. Mais, en tout cas, ils ne forment, dans le pays entier, qu'une minorité assez petite. A l'autre extrémité, c'est le groupe, encore plus restreint et d'ailleurs vaincu autant qu'on peut l'être, des catholiques militants et des monarchistes irréductibles. Entre ces deux camps inégaux, il y a le pays, simplement; huit ou dix millions d'hommes sans opinion politique ou de républicains modérés, paysans, bourgeois, ouvriers même (ceux des grands centres mis à part); une multitude qui sait quelquefois ce qu'elle pense, mais qui, jusqu'ici, n'a pas fait l'effort de vouloir.

Comparons maintenant les idées de la majorité gouvernée avec les idées de la minorité gouvernante. Oh! que celle-ci est peu à l'image du pays!

* * * * *

Les idées—et les passions—de cette minorité qui nous tient et qui, en ce moment, nous fait si durement sentir son joug, sont, essentiellement, celles de la Société secrète dite franc-maçonnerie.

Leur première marque est le fanatisme anti-religieux.—Parce qu'ils érigent en dogme l'hypothèse matérialiste, qui est cependant une bien pauvre et bien incomplète explication de la vie du monde, ils croient être des esprits forts et de libres esprits. Quelle lourde erreur! Nous n'avons pas l'esprit libre si nous ne sommes pas tolérants, si nous ne savons pas nous représenter sans haine des âmes différentes de la nôtre. Haïr des gens parce que, soit d'eux-mêmes, soit par acquiescement volontaire à une doctrine, ils expliquent autrement que nous l'énigme que nous propose l'univers, cela est misérable. Et c'est cependant le cas de ces faibles philosophes. Ils ont la manie d'invoquer l'Etat, la force publique, la gendarmerie contre qui ne pense pas comme eux. Même vainqueurs, même tout-puissants, ils continuent à crier sus au cléricalisme. Or, ils sont, eux aussi, des cléricaux. Ils ont une église fermée, occulte, de liturgie grotesque, mais de discipline serrée, et merveilleusement organisée pour la domination et pour le butin. Tel Vénérable, tel Chevalier du serpent d'airain après avoir, dans sa loge tendue de noir et décorée de tibias en croix, dansé, sous l'acacia, le «pas du maître» en secouant des ferblanteries, s'élève contre l'«obscurantisme»; et, congréganiste lui même, brandit contre les congrégations l'excommunication majeure.

Mais il y a plus d'une sorte d'obscurantisme. Il y a un obscurantisme maçonnique qui «obscurcit» en effet les cerveaux, et leur rend impénétrables et inintelligibles de très belles formes de la vie morale, du moment qu'elles s'écartent de l'idéal de Monsieur Homais.

Ils sont, comme ils disent, «humanitaires», ce qui ne les engage à rien du tout et peut même les dispenser d'être charitables.—Dans ces derniers temps, ils ont laissé voir la défiance la plus hostile à l'endroit de l'armée,——tout simplement, dans le fond, parce que les vertus essentielles de l'armée sont celles qui leur répugnent le plus.—Mais, d'autre part, ceux mêmes d'entre eux qui ne sont pas socialistes pour leur compte, sont en coquetterie réglée avec le socialisme, j'entends avec cette grossière utopie allemande du «marxisme»,——que nous repoussons, nous, parce que nous croyons que la solution des questions sociales est dans l'association libre et la mutualité, et parce que nous redoutons, dans le socialisme d'Etat, la panbureaucratie, le panfonctionnarisme, l'uniformité, la médiocrité générale, la mort de l'initiative individuelle et la paresse et la lâcheté des citoyens de cette nouvelle Salente.——Et, chose curieuse, ils inclinent à cette doctrine d'esclavage pour paraître «avancés» (comme si ce mot, appliqué aux opinions politiques, correspondait à un réel avancement intellectuel ou moral); ils y inclinent par idéologie niaise, ou par zèle de surenchère électorale,—ou peut-être parce qu'ils se disent qu'ils ne risquent rien, que cela n'«arrivera pas»; ou encore par la pensée que, si cela arrive, ils ne pourront manquer d'être, dans l'Etat nouveau, les distributeurs et les inspecteurs du travail et les gardes-chiourme bien rétribués des travailleurs.

* * * * *

Or, ces traits de la minorité gouvernante ne se retrouvent nulle part dans l'inerte majorité.

Le Français moyen,——bourgeois, paysan, ouvrier à son compte ou petit patron,——nous le connaissons; il est à peu près le même dans toutes nos provinces. —Il aime la patrie et l'armée, sans trop raisonner, par un instinct très sûr, et ne supporte pas qu'on y touche.——Il est assez sérieusement imbu des principes de 89; il est libéral; il n'est pas du tout socialiste. La propriété individuelle est une des choses auxquelles il tient le plus, et je dirai même le plus aveuglément.——En général il n'aime pas beaucoup «les curés», mais il n'est pas intolérant. Il laisse sa femme et sa fille aller à la messe; il trouve bon que ses enfants fassent leur première communion; il se laissera enterrer par l'Eglise comme il s'est laissé marier par elle, et assez souvent même il mettra son fils dans un collège ecclésiastique (la preuve en est que le nombre des élèves des écoles libres d'enseignement secondaire est sensiblement égal, ces années-ci, au nombre des élèves des lycées, et tend à le dépasser).——Quoi d'étonnant à tout cela chez un peuple à l'histoire duquel, pendant quinze siècles, l'histoire même de l'Eglise a été intimement mêlée, où le culte catholique est encore entretenu et payé, malgré tout, par l'Etat franc-maçon; où, par la force des choses, les plus grands mangeurs de prêtres ont dans leur famille, tout près d'eux, des personnes pieuses; où l'on voit des socialistes faire baptiser leurs enfants avec une eau spéciale et deux fois bénite, et où, pour prendre un autre exemple très significatif, les femmes des Présidents de la République ont été toutes, jusqu'ici, des catholiques pratiquantes?

Sur la religion même, le sentiment de ce Français moyen est assez complexe. La plupart du temps, il ne croit plus aux dogmes, ou il évite d'y songer. Mais, toutefois, il sent confusément que la morale fondée sur ces dogmes est pour quelque chose dans les vertus ou dans la bonne conduite de sa femme ou de sa fille; et, en homme pratique, il ne peut s'empêcher d'accorder provisoirement plus de confiance à cette morale-là, fixe, assurée, éprouvée, vingt fois séculaire, qu'à celle dont les manuels civiques et les précis de philosophie cherchent encore les bases fuyantes.

Il est certain que ce bourgeois-là, qui est légion,——et pareillement le paysan de France,—est assez indifférent aux injustices qui ne l'atteignent pas. Mais il est certain aussi qu'il n'est pas fanatique, et qu'il serait d'avis de respecter chez les autres toute liberté qui ne gêne pas la sienne. Il est très vrai qu'il a accepté sans protestation toutes les lois anticléricales des vingt dernières années, l'article 7, la laïcisation de l'école primaire, l'inepte laïcisation des hôpitaux, la loi sur les fabriques, la loi d' «accroissement», la loi des «curés sac au dos», qui, pour ennuyer les séminaristes et sous prétexte d'égalité, a amené des inégalités et des abus pires que ceux de jadis: mais il est encore plus vrai que ces mesures, préparées et imposées par les Loges, jamais il ne les aurait réclamées, jamais il n'en aurait senti le besoin.

* * * * *

Comment donc expliquer que cette majorité soit représentée et conduite par une minorité qui lui ressemble si peu?

D'abord, le quart et, dans certaines régions, le tiers et presque la moitié des électeurs s'abstiennent: ce qui est très coupable, car un remède aux inexactitudes forcées du suffrage universel serait qu'il fût universel en effet, et que tout le monde se rendît aux urnes. En outre, dans beaucoup de circonscriptions, les minorités battues sont très fortes; si bien qu'il y a de trois à quatre millions d'électeurs dont l'opinion n'est pas représentée au Parlement. Mais tout cela ne suffirait pas encore à expliquer que l'insincérité du suffrage universel atteigne aux monstrueuses proportions que j'ai dites. Il faut ajouter ce triste phénomène: une très grande quantité d'électeurs, soit ignorance, ou faiblesse, ou esprit d'imitation, ou respect humain, votent pour des candidats dont ils ne partagent nullement les idées et les passions. Et, ainsi, il arrive que des lois comme celles que je rappelais tout à l'heure, des lois que le Français moyen ne désirait pas, soient réclamées et votées par un député à qui il a donné sa voix.

Nous devons reconnaître que c'est bien un peu, ou que ce fut, à l'origine, la faute du clergé lui-même et de certains de ses amis. Faute déjà ancienne dont les effets se prolongent. Elle consiste à avoir, pendant les années qui ont suivi la guerre et même jusqu'au moment où le pape est intervenu dans la question, confondu la cause de l'Eglise avec celle de la Monarchie; et cela, non seulement contre toute prudence et toute habileté, mais contre la doctrine et l'esprit même de l'Eglise et encore plus de l'Evangile.

Sans doute le clergé devait déplorer l'impiété de quelques-uns des fondateurs du régime républicain: mais il n'a pas vu qu'en se retirant de la République et en paraissant la menacer, il la faisait plus impie et plus aisément persécutrice.

C'est cette alliance, aujourd'hui rompue, des prêtres avec les monarchistes qui a permis aux radicaux d'accaparer la République et, sous couleur de la défendre, d'en faire leur chose et leur butin; de la façonner et de la rétrécir à leur image, qui n'est point belle; et de créer à leur usage et, au besoin, contre les autres républicains, une orthodoxie étroite, jalouse, aussi intolérante et persécutrice que l'orthodoxie de l'Inquisition.

C'est cette alliance surtout qui a permis au parti maçonnique d'adopter et de garder pour devise, même après que les circonstances ne le justifiaient plus, le cri de Gambetta: «Le cléricalisme, c'est l'ennemi,» et, sinon d'inventer, du moins de grossir le péril clérical; puis, après qu'il eut disparu, de faire croire qu'il subsistait toujours et, ainsi, d'entraîner à leur suite des millions de Français exempts de tout fanatisme irréligieux, mais un peu défiants à l'endroit des prêtres et attachés à la République comme au «gouvernement de fait»; d'imposer enfin à ce pays, détaché en quelque mesure des dogmes de l'Eglise, mais non point de sa morale ni même de ses rites, une politique anticléricale et qui n'est que cela; une politique dont l'anticléricalisme est toute la philosophie, une politique dont l'anticléricalisme est la vache à lait, une politique qui, l'anticléricalisme ôté, serait un pur néant.

Ajoutez que les combattants de ce parti, échauffés par de fortes haines et par des appétits véhéments, et, avec cela, traditionnellement organisés, dociles à leurs conducteurs parce qu'ils savent leur docilité efficace contre l'ennemi, ont tout ce qu'il faut pour agir sur une masse indolente et sans cohésion et pour faire servir par elle, en exploitant et entretenant un de ses préjugés, des idées qu'elle n'a pas naturellement. Dans chaque petite ville, trente hommes qui ont de bonnes haines en commun, qui croient ardemment à leurs négations, et qui se tiennent étroitement, sont politiquement plus puissants que mille braves citoyens dispersés, hésitants, qui n'ont que des opinions flottantes et qui ne savent pas se concerter.

En résumé, une minorité nous mène et nous tyrannise, agit à notre place et contre nous: 1° grâce à l'apathie et à l'émiettement de la majorité; 2° grâce à l'énorme malentendu produit par l'invention du cléricalisme et par l'artificiel grossissement de ce vieux spectre, dans un pays où le clergé est pourtant si calme et la foi confessionnelle si atténuée et si peu menaçante.

* * * * *

Mais l'absurdité d'une telle situation commence à être plus vivement sentie. Vraiment, ils en ont trop fait. Les derniers événements ont dessillé les yeux et gonflé le cœur de colère à beaucoup de citoyens aveugles jusque-là, ou indifférents.

Nous avons vu des choses par trop singulières: le Président de la République devenu l'allié, sans doute malgré lui, et le prisonnier d'une faction qui n'a vu, dans un procès militaire trop fameux, que l'occasion d'une «campagne» atroce contre l'armée; le chef de l'Etat comme isolé dans le pays, n'osant se montrer dans les rues, sans aucun lien de cœur avec le peuple, qui l'ignore ou le dédaigne, et principalement soutenu par les forces antisociales, au point que son nom sert de cri de ralliement aux anarchistes pilleurs d'églises; une ligue innocente, et dont l'amour de la patrie et de l'armée était tout le programme, brutalement poursuivie; le commandant Marchand traité comme un dangereux malfaiteur; un ministère immoral et scandaleux par sa composition même, uniquement formé pour peser sur la décision d'un conseil de guerre; le mensonge cynique de la «Défense Républicaine»; l'abominable procès de la Haute-Cour, qui dénie implicitement aux citoyens jusqu'au droit de rêver d'une autre république et de répandre, dans leurs lettres privées, ou à table avec leurs amis, leurs mécontentements et leurs doléances; Déroulède de nouveau poursuivi (ce qui est une pure infamie) à raison de faits sur lesquels il avait été acquitté par le jury, c'est-à-dire par le peuple; la forfaiture d'avant-hier, la loi foulée aux pieds par des magistrats de circonstance, juges dans leur propre cause; un accès de rage persécutrice qui nous ramène à vingt ans en arrière; la liberté d'association supprimée, la liberté d'enseignement menacée; l'armée, rempart de la patrie, devenue, par une aberration inconcevable, l'objet de la défiance et de l'hostilité du gouvernement; le cri de «Vive l'Armée!» considéré comme séditieux; et, sournoisement, dirigeant tout, une Société secrète, c'est-à-dire deux fois illégale, et qui pourtant se confond avec le gouvernement lui-même: en sorte qu'on pourrait dire que ce gouvernement, qui est protégé par elle et qui reçoit ses ordres, participe de son illégalité, et que nous aurions donc, théoriquement, le droit de refuser, à ce gouvernement-là, l'obéissance.

On a vu des tyrannies plus tragiques, plus sanglantes: on n'en a point vu de mieux caractérisée, ni d'aussi hypocrite, puisque ceux qui l'exercent n'ont à la bouche que les principes de la Révolution, et en vivent.

Une si extraordinaire situation a produit cet effet, extraordinaire comme elle: l'Opposition, c'est aujourd'hui toute la France.

II

Vous me direz: Le gouvernement et la maçonnerie s'en moquent, car ils ont la force; ils sont décidés à s'en servir, et ils le montrent assez.

Je n'hésite pas à répondre:—Ils ont raison. Si la majorité est opprimée, elle n'a que ce qu'elle mérite; et tant pis pour elle. Elle n'avait qu'à se défendre depuis quinze ans. Elle n'avait qu'à faire connaître ce qu'elle veut et ce qu'elle ne veut pas. Et aujourd'hui, c'est bien simple, elle n'a qu'à se révolter.

Entendons-nous bien. Nous n'appelons pas un coup d'Etat, militaire ou autre, pas même une révolution pacifique qui s'accomplirait par l'accord spontané et soudain du peuple et de l'armée et qui ne serait, nous dit-on, qu'une manifestation un peu irrégulière de la volonté nationale et, au bout du compte, du suffrage universel. Nous écartons cette chimère hasardeuse. Nous ne sommes pas royalistes; nous ne sommes pas bonapartistes; nous ne sommes même pas césariens. Nous voulons nous délivrer de nos tyrans par des moyens légaux. Nous voulons triompher par une opposition strictement constitutionnelle. Nous avons trois ans devant nous. Notre tâche (elle est énorme, mais commençons toujours), c'est d'organiser le suffrage universel et de le moraliser; de faire que, dans toute la France, ceux qui pensent comme nous se rapprochent, s'imposent une discipline et agissent ensemble.

Hélas! nous en sommes loin! L'inertie des braves gens est désespérante. Nous nous indignons de ce qui se passe; nous crions à l'oppression; et puis, parce que nous avons trouvé dans notre journal l'expression véhémente de nos propres colères, nous les jugeons satisfaites par là-même et nous retournons à nos occupations ou à nos plaisirs. Le gouvernement peut faire ce qu'il veut; il peut proscrire et persécuter, frapper les meilleurs serviteurs du pays, ressusciter les lettres de cachet, désorganiser l'armée, dilapider les deniers publics, consommer l'abaissement de la France à l'extérieur; nous crierons un peu, mais c'est tout ce qui en sera. C'est que nous ne souffrons pas encore assez; j'entends que nous ne souffrons pas dans notre personne ni, directement, dans nos biens matériels. Notre vie, après tout, reste supportable. Puis, nous avons notre pain à gagner, nos intérêts, nos affections, nos divertissements.

Lettre de cachet, Haute-Cour et polémique des journaux à part, les mœurs sont assez douces; et nous voyons se préparer, et nous boucher l'horizon, la grande kermesse où l'Europe se précipitera comme au mauvais lieu, et sur laquelle comptent nos gouvernants pour verser de l'oubli par-dessus notre inertie. Nous ne comprenons pas que, si chacun de nous souffre peu, tous nous sommes menacés; que c'est autre chose, pour la santé morale des individus et pour leur joie intérieure, de faire partie d'une communauté bien ordonnée et robuste, ou d'une collectivité énervée et avilie; que ce qui atteint la nation atteint chaque citoyen; que, selon la parole d'un ancien, ce qui importe à la ruche importe à l'abeille, et que nous risquons de nous réveiller un jour dans une France définitivement exténuée et perdue à jamais.

Nous devons donc consentir à l'effort, même à quelque sacrifice.—La «Ligue de la Patrie française» s'est mise en règle, on vous dira comment, avec une loi injuste. A présent, il faut marcher. Il faut se contraindre à la méthode et à la persévérance. Il faut que tous ceux qui pensent de même prennent la peine de le dire et d'en tirer des conséquences. Il faut que, dans chaque quartier de Paris et des grandes villes, dans chaque petite ville et enfin dans chaque village, des groupes se forment, qui se mettent bien d'accord sur quelques idées vitales; que ces groupes se réunissent périodiquement pour traiter, sous forme de conférences ou d'entretiens, des questions d'intérêt public; que leurs membres s'obligent à l'assiduité; qu'ils contribuent, non seulement par leurs discours et leurs bons désirs, mais par des actes—et par de l'argent—à la propagation de leurs idées; que pas une élection ne se fasse,—sénatoriale dans trois mois, municipale dans six mois et législative dans trois ans—où ils ne présentent, à tout hasard, leurs candidats; et que ces candidats soient d'honnêtes et de braves gens qui introduisent enfin dans la politique ce qu'on n'y a guère vu jusqu'ici: de la sincérité, de la générosité, et, si j'ose dire, de la bonhomie.

Voilà, je le sais, un plan de conduite plus facile à tracer qu'à suivre. Notre mal, c'est que nous sommes trop nombreux. L'union nous devient par là extrêmement difficile. Elle est plus facile aux minorités. Les catholiques sont forts en Angleterre, en Allemagne, aux Etats-Unis.—La minorité politique qui nous gouverne est puissante parce qu'elle est elle-même composée, du moins dans son état-major, de trois minorités très unies: juifs, protestants,—et francs-maçons, chez qui protestants et juifs se rencontrent et se fondent.

Ne récriminons pas. Tâchons de comprendre. Tout se paye. La justice «immanente», celle qui réside, pourvu qu'on y regarde un assez long temps, dans le développement naturel des faits historiques, n'est point un vain mot. Je ne pense pas que deux des minorités que je viens de nommer aient, jadis, mieux connu la tolérance et la charité intellectuelle que la majorité catholique. Mais il est certain qu'elles ont eu à se plaindre de celle-ci, et qu'à ces deux minorités la malveillance de nos aïeux a imposé la nécessité et donné l'habitude du resserrement, de l'entente, de la résistance et de l'action en commun. Et c'est pourquoi, du jour où elles ont cessé d'être persécutées, elles ont envahi l'Etat, en vertu de cette énergie patiente, de cet esprit de solidarité et de discipline qu'elles devaient à la persécution elle-même. On peut dire que, avec plus ou moins de préméditation, peut-être même à leur insu, elles se vengent, aujourd'hui encore, de la rouelle jaune et de la révocation de l'Edit de Nantes. La proscription les avait ramassées sur elles-mêmes; l'involontaire souvenir de la proscription les maintient et les arme contre nous. Ainsi, la France est déchirée, dans son présent, par son passé; et nous expions les fautes de nos pères.

Donc, en luttant contre nos oppresseurs, essayons de ne pas haïr leurs personnes; haïssons seulement leur tyrannie, tout prêts à les aimer quand nous n'en pâtirons plus. Et prenons confiance: car, puisque nous voilà opprimés à notre tour, nous, la majorité, peut-être la nécessité de la défense nous apportera-t-elle, encore que nous soyons trop nombreux et embarrassés de notre nombre, les vertus propres aux minorités.

* * * * *

Je vous propose de nous unir, pour commencer, sur trois idées très simples, très élémentaires, que je vais vous dire:

1. L'amour de la patrie et le respect de l'armée (cette armée si sûre, si maîtresse d'elle même, si prodigieusement patiente). C'est une des bizarreries et un des désordres de ce temps, qu'il soit besoin de recommander et de défendre ces deux sentiments si naturels et si nécessaires.

Il ne suffit plus d'aimer la patrie instinctivement: il faut l'aimer avec une tendresse réfléchie, avec application, avec vigilance: trop de demi-étrangers et de cosmopolites pèsent sur nos affaires intérieures; trop de gens, même de chez nous, ivres de vaniteuses idéologies, parlent de la patrie avec détachement; et cela, à un moment où le patriotisme des autres nations est plus exalté, plus jaloux et plus conquérant que jamais.—Non que nous méconnaissions la beauté du rêve très français de fraternité universelle. Si nous renaissons dans quelques siècles, nous nous ferons sans doute un plaisir d'aimer également tous les peuples. Mais nous n'avons pas choisi, dans le développement de l'histoire européenne, le moment où nous sommes nés; et il y a des devoirs convenables à chaque étape de ce développement. Ce devoir, c'est aujourd'hui d'aimer la France, simplement autant que les Allemands aiment l'Allemagne et les Anglais l'Angleterre. Je ne demande rien de plus.

Corollairement, il faut aimer l'armée, qui n'est que la nation ramassée et debout pour assurer sa propre durée. Même les philosophes qui sont dès à présent les amis de nos ennemis, de l'Europe entière et de tout le genre humain, ne sauraient nourrir de mauvais sentiments à l'endroit de l'armée nationale: car, je le répète, leurs idées les plus généreuses sont des idées françaises, et la France ne peut les répandre, les soutenir, les faire triompher au dehors que si elle est forte chez soi. En réalité, depuis trente ans que la France est diminuée, il y a eu plus d'injustice dans l'Europe et dans le monde. Tous les faibles et tous les opprimés ont été atteints par notre désastre. Quelle pitié de n'avoir rien pu pour l'Arménie! Et maintenant, accablés que nous sommes encore par cette honte de Fachoda qu'on pouvait nous épargner, quelle pitié de ne rien pouvoir pour ces héroïques Boërs qui nous donnent une si belle leçon de choses! Et quelle tristesse ce serait, à l'ouverture de la succession d'Autriche, de ne pas être assez forts pour empêcher telle iniquité que l'on prévoit, et qui nous rabattrait décidément au rang de puissance négligeable, de nation finie!

Amis de l'armée, nous ne prétendons point qu'elle soit parfaite comme elle est. Elle-même saurait indiquer, au besoin, comment elle peut être améliorée. Mais, en ce moment, par un phénomène inouï, l'armée n'est pas du même côté que le gouvernement: muette comme toujours, elle est au fond de son cœur, elle aussi, avec tout le pays, «dans l'opposition», et elle ne peut pas n'y pas être. Or, elle ne peut être réformée avec fruit que par des mains qui l'aiment. Attendons.

* * * * *

Second point du programme:—Nous voulons une république qui mérite ce nom et qui ne soit pas contradictoire à son principe. La république est le gouvernement de tous dans l'intérêt de tous. Les exceptions, les proscriptions, les actes arbitraires et tyranniques, odieux dans une monarchie, sont des crimes sans nom dans une république. C'est nous, les opposants, qui sommes les républicains et les démocrates: nos gouvernants et leurs complices ne sont, présentement, qu'une oligarchie factieuse.

Nous voulons la république de tout le monde, et non plus la république des francs-maçons. Plus de lois persécutrices, de ces lois qui restreignent les droits de telle ou telle catégorie de citoyens, et qui violent le principe sacré de l'égalité de tous devant la loi. Nous demandons le maintien, à nos risques et périls, de la liberté de la presse. Tout en respectant le privilège centenaire de l'Université, nous demandons le maintien de ce qui nous reste de la liberté d'enseignement, de cette liberté qu'on menace obliquement et avec la plus ignoble hypocrisie. Et nous demandons la liberté d'association, qui est de droit naturel. Ce droit, à vrai dire, devrait être sous-entendu, et, sans même être inscrit dans nos codes, s'exercer sous le régime du droit commun.

Ce droit d'association, toutes les monarchies d'Europe, même l'Espagne, même l'Autriche, le possèdent; et, nous, République, nous ne l'avons pas! ou plutôt,—ce qui est encore plus révoltant,—il n'existe chez nous, en fait, que pour un parti. Et quand on sait combien ce droit pourrait être bienfaisant; quand on sait qu'il permettrait à la démocratie de s'organiser, de se «hiérarchiser» librement, et, peut-être, de résoudre une par une les questions sociales, on se sent pénétré de douleur et de colère en songeant qu'une faction maîtresse des pouvoirs publics détient pour elle et nous refuse ce droit primordial, et transforme ainsi en instrument de tyrannie ce qui devrait être un agent de progrès et de salut national.

Enfin, depuis quinze ans, nos oppresseurs n'ont fait que de la politique, c'est-à-dire qu'ils se sont uniquement attachés à conquérir le pouvoir pour les bénéfices qu'il procure. Ils ont fait des lois *politiques*, c'est-à-dire des lois propres à leur faciliter, puis à leur assurer cette conquête. Ils n'ont pas fait de lois *sociales*, c'est-à-dire des lois qui profitent à tous et qui, sans prétendre changer la nature des choses, essayent d'en atténuer l'iniquité; ou, s'ils ont fait des lois sociales, c'étaient encore, par un détour, des lois politiques et qui, dans leur pensée, devaient profiter d'abord à leur parti.—Eh bien, dans cette «République de tous» que nous rêvons, nous voudrions que le Parlement ne fît plus de lois politiques (la Constitution elle-même, révisée ou non, l'en dispensera une fois pour toutes), mais qu'il s'occupât uniquement de législation économique et sociale; qu'il ne fît plus de lois maçonniques, mais des lois françaises, des lois populaires, des lois humaines.

* * * * *

Troisième point du programme: conjurer la ruine financière.—Nos oppresseurs, depuis quinze ans, n'ont cessé de gaspiller l'argent du pays, le plus souvent dans un intérêt électoral. Nous avons, avec une dette de trente-cinq milliards qu'on n'amortit pas, un budget de trois milliards et demi, et qui, chaque année, s'accroît de cinquante millions. Cela est fou. Et ce qui nous attend, ce à quoi nous marchons d'un pas régulier et sûr, c'est la banqueroute, ou, si vous voulez, la conversion du 3 0/0, c'est-à-dire l'épargne française ruinée au tiers ou à moitié. Et ainsi nos maîtres, ces hommes sans bonne grâce, sans charité intellectuelle, ont été, en outre, de détestables intendants de la fortune du peuple.

Tout le monde convient que cela ne saurait durer. Personne n'ose proposer les remèdes. Au fait, quels seraient-ils? Monopole de la rectification et de la vente des alcools assurés à l'Etat? Simplification des rouages administratifs? Suppression des sous-préfectures et des tribunaux d'arrondissement? Suppression, par voie d'extinction, d'une moitié de notre dévorante bureaucratie? Nouvelle répartition des impôts, à la fois plus équitable (par suite moins durement sentie) et aussi productive? Quel problème!... Peut-être cependant l'évidence grandissante du mal rendra-t-elle possible demain ce qui semble aujourd'hui impraticable. En attendant, il faudrait du moins que toute proposition d'accroissement des dépenses non compensé par une diminution correspondante fût considérée comme un crime public.

En résumé, amour de la patrie et respect de l'armée; une République qui soit la chose de tous, et non plus le butin d'un parti; enfin, une République économe de nos deniers: voilà le programme bien modeste sur lequel je vous demande de vous accorder.

* * * * *

Les absurdités et les abominations d'un régime parlementaire faussé, telles que nous les ont décrites MM. de Marcère et Benoist, M. de Voguë et M. Emile Faguet (pour ne citer que ceux-là); la question de savoir s'il est urgent ou opportun de réviser la Constitution, et dans quelles conditions cela se pourra faire utilement; les diverses réformes proposées: vote obligatoire pour tous les électeurs; élargissement du collège électoral qui nomme le Président de la République; diminution du nombre des députés; réduction de leur droit d'initiative en matière financière, etc..., je laisse aujourd'hui tout cela de côté; et savez-vous pourquoi? La réforme des mœurs semble dépendre des institutions; mais, pour corriger celles-ci, il faut avoir déjà modifié celles-là dans quelque mesure. En somme, c'est la réforme des mœurs, des habitudes, de l'esprit public, qui importe le plus, et c'est par elle qu'il faut commencer.

Si la majorité des délégués du peuple étaient de très honnêtes gens, et, de plus, s'ils étaient sincèrement d'accord avec nous sur le programme ingénument national que j'indiquais tout à l'heure, le fameux «jeu des institutions parlementaires» nous apparaîtrait bientôt moins effrontément faussé; ce qui, en même temps, limiterait la révision de la Constitution et la rendrait plus aisée et moins périlleuse. Autrement dit, les mœurs nouvelles des députés que nous enverrions à la Chambre influeraient déjà, d'une façon très heureuse, sur les institutions elles-mêmes.

Il n'y a à cela qu'une difficulté. Pour faire surgir du milieu de nous, en nombre suffisant, des représentants de volonté droite et persévérante, pour avoir cette puissance de renouveler ainsi la représentation nationale, il faut d'abord que nous devenions nous-mêmes des hommes nouveaux; il faut que nous le devenions tous (et nous sommes des millions); et c'est ce qui m'effraye, et je crains d'être ici en pleine chimère.

Mais non, ce n'est pas rêver que de croire que la France voudra enfin se ressaisir et se délivrer. Sans doute nos adversaires ont sur nous ce grand avantage, de s'adresser aux mauvais sentiments de ceux qu'ils enrôlent. Mais sommes-nous si faibles et si lâches que nous ne puissions imiter du moins leur discipline, leur union, leur admirable activité et même, un peu, leur organisation? Sommes-nous incapables, quand notre intérêt le plus pressant nous y engage, de remplir entièrement notre devoir de citoyens? Car il ne s'agit pas d'autre chose. Le vrai secret des réformes publiques est, en dernière analyse, dans la réforme morale des individus. Je vous convie à un accroissement de dignité de vos personnes. Vous rassembler; former des comités; échanger vos impressions sur les affaires du pays; être assidus à ces réunions; chercher en toute cordialité des occasions de rencontre et d'entretien avec des hommes d'une autre condition sociale; donner à l'intérêt général un peu de votre temps et de votre argent de poche; vous discipliner vous-mêmes; obéir aux chefs que vous aurez librement choisis; sacrifier quelquefois votre sentiment, sur des points secondaires (car, dans cet essai d'entente et d'action commune, les vanités, les rivalités personnelles seront le grand écueil); tenter, en somme, et commencer sérieusement, contre une oligarchie malfaisante, l'œuvre énorme de l'organisation de la démocratie; faire tout cela, et y persévérer, ce sera, pour vous, valoir mieux, et ce sera en même temps sauver le pays et, par conséquent, vous sauver vous-mêmes…

Oui, je sais, il s'agit de faire ce que la plupart des Français, indolents, routiniers, passifs, habitués à se décharger de tout sur l'Etat—et à tout supporter de lui—n'ont jamais fait encore. Mais les nations sont guérissables. En tout lieu, l'énergie, la ténacité d'un homme peut transformer ceux qui l'entourent. Il y a des paroles qui, d'abord, nous sont extérieures et qui, nous venant du dehors, agissent sur nous faiblement ou brièvement; mais ces paroles, à force de nous être répétées, font en nous leur brèche, nous deviennent peu à peu intérieures, finissent par faire partie intégrante de nos habituels mobiles d'action. Alors, nous sommes véritablement *changés* . On sent aujourd'hui, dans ce pays, une inquiétude morale qu'on n'y avait peut-être jamais vue depuis un siècle. Non, nous ne sommes pas en décadence, car la décadence s'ignore elle-même ou elle se résigne; et nous, nous connaissons notre mal et nous ne nous y résignons pas. Dans ces innombrables bonnes volontés, dont l'expression vient tous les jours jusqu'à nous,—volontés jusque-là isolées et qu'il faut réunir,—nous découvrons avec joie des signes évidents de résurrection et de renouvellement national.

Table des matières

ALLOCUTION DE M. FRANÇOIS COPPÉE — 5

L'ŒUVRE DE LA "PATRIE FRANÇAISE" DISCOURS-PROGRAMME PAR JULES. LEMAITRE — 9

I — 10

II — 19